'우리 얼' 그림책은 우리 민족의 소중한 문화유산 속에 깃든 멋과 정신을 담았습니다.
이 땅의 모든 아이들이 우리 것을 바로 알고, 사랑하고, 지킬 줄 아는 어린이로 자라길 소망합니다.

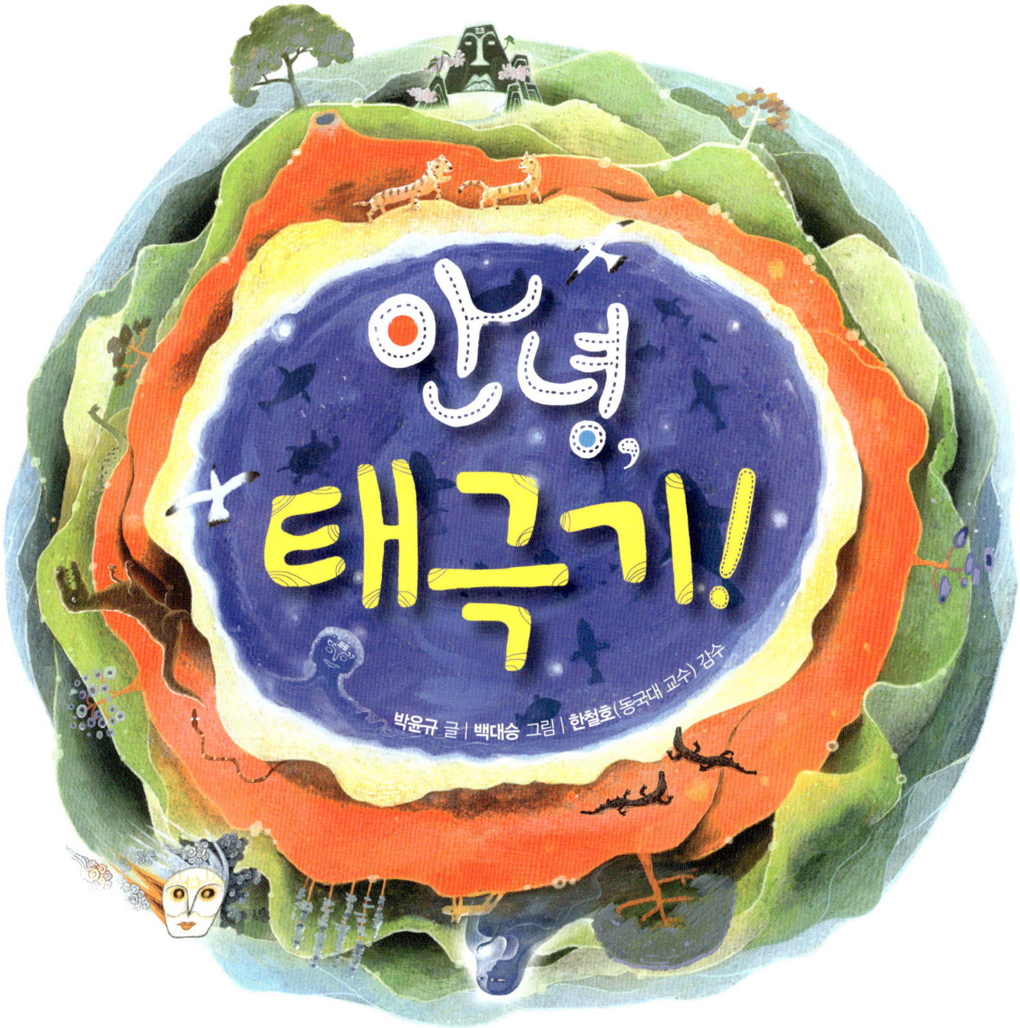

안녕, 태극기!

박윤규 글 | 백대승 그림 | 한철호(동국대 교수) 감수

푸른숲주니어

우주는 처음에 아주 깜깜했어.
아무것도 없었지.
그런데 어느 날 엄청나게 큰 힘이 생겨났어.
그 힘은 둘로 나뉘어 뒤엉킨 채로 빙글빙글 돌았어.
두 힘은 소용돌이를 일으키며 점점 더 커지다가
꽝! 폭발했어.

두 힘은 따로따로 떨어졌어.
무겁고 어두운 힘은 파란 거인이 되었고,
가볍고 밝은 힘은 붉은 거인이 되었지.
파란 거인과 붉은 거인은
서로 맞잡고 *으라차차!* 씨름을 했어.
서로서로 밀치고 당기면서
빙글빙글 돌았단다.

으라차차!

파란 거인이 붉은 거인을 번쩍 들었다가 쿵! 넘어뜨렸어.

그러자 둘 사이에서 파란 거인을 닮은 신이 태어났어.

"너의 이름은 **곤**이란다. 나를 대신해 땅을 다스려라!"

파란 거인이 말했어.

으라차차!

붉은 거인이 파란 거인을 번쩍 들더니 **쿵!** 넘어뜨렸어.
그러자 붉은 거인을 닮은 신이 태어났어.
"너의 이름은 **건**이란다. 나를 대신해 하늘을 다스려라."
붉은 거인이 말했어.

붉은 거인은 높고 높은 하늘이 되었어.
파란 거인은 넓고 넓은 땅이 되었단다.
하늘과 땅은 **곤**과 **건**에게 말했어.

글 **박윤규**

중앙대학교에서 문예창작을 전공했고, 오월문학상과 한국아동문학상을 받았습니다. 작가는 한국의 역사와 문화에 관심이 많은 이야기꾼이에요. 어린이에게 역사의 뿌리와 사람의 근원을 찾아가는 이야기를 들려주고 싶다고 합니다. 주요 작품으로는 《아리랑》《버들붕어 하킴》《주문을 외자 아르케옵테릭스》《산왕 부루》《방울새는 울지 않는다》《내 이름엔 별이 있다》 등이 있습니다.

그림 **백대승**

대학에서 만화예술학을 전공했어요. 극장용 애니메이션 '왕후 심청'의 아트디렉터로 일했고, 지금은 그림책과 동화책에 그림을 그리고 있어요. 아이들이 마음껏 상상하고 꿈을 키울 수 있는 책을 만들고 싶은 소망이 있답니다. 그린 책으로는 《초록 눈 코끼리》《검고 소리》《서찰을 전하는 아이》《하얀 눈썹 호랑이》《태양의 동쪽 달의 서쪽》 등이 있습니다.

감수 **한철호**

동국대학교 역사교육과 교수입니다. 고려대학교 사학과를 졸업하고, 같은 대학 사학과 석사와 한림대학교 사학과 박사. 한국근현대사학회 회장을 지냈습니다. 지금은 대외교류연구원 원장과 흥사단 교육운동본부 공동대표를 맡고 계십니다.

:: 책 속에 사용된 '태극문 목제품' 사진은 국립나주문화재연구소에서, '경주 감은사 장대석' 사진은 한국민예미술연구소장님이 제공해 주셨습니다.

첫판 1쇄 펴낸날 2012년 3월 1일 | **29쇄 펴낸날** 2025년 8월 29일 | **지은이** 박윤규 | **그린이** 백대승 | **감수** 한철호 | **발행인** 조한나 | **주니어 본부장** 박창희 | **편집** 박고은 정예림 강민영 | **디자인** 전윤정 김혜은 | **마케팅** 김인진 김은희 | **회계** 양여진 김주연 | **인쇄** 한국소문사 | **제본** 에이치아이문화사 | **펴낸곳** (주)도서출판 푸른숲 | **출판등록** 2003년 12월 17일 제2003-000032호 | **제조국** 대한민국 | **주소** 경기도 파주시 심학산로 10, 우편번호 10881 | **전화** 031)955-9010 | **팩스** 031)955-9009 | **홈페이지** www.prunsoop.co.kr | **이메일** psoopjr@prunsoop.co.kr | **인스타그램** @psoopjr | Text copyright ⓒ박윤규, 2012 | Illustrations copyright ⓒ백대승, 2012 | ISBN 978-89-7184-937-8 (77810) 978-89-7184-918-7 (세트)

잘못된 책은 구입하신 서점에서 바꾸어 드립니다.
KC 마크는 이 제품이 공통안전기준에 적합하였음을 의미합니다. 던지거나 떨어뜨려 다치지 않도록 주의하세요.

　어린이 여러분에게 태극기 속에 담긴 깊은 뜻을 이해할 수 있게 설명하는 것은 쉬운 일이 아니었답니다. 오랜 고민 끝에 나는 태극과 8괘가 세상을 만든 이야기를 만들게 되었어요. 이 책을 통해 어린이 여러분들이 태극기를 쉽게 이해하고 사랑하는 마음을 갖게 되기를 바라요.

　또 여러분도 태극기를 볼 때마다 나처럼 가슴이 마구 두근거렸으면 좋겠어요.

월악산 동화의 집에서

박윤규

작가의 말

태극기를 볼 때마다 가슴이 설렌다

참 이상한 일이에요. 나는 어려서부터 푸른 하늘에 펄럭이는 태극기를 볼 때면 가슴이 두근두근 설레었거든요. 그때는 왜 그런지 이유를 알 수 없었어요. 어른이 된 후에 태극기에 대해 좀 더 알고 싶어서 공부를 하게 되었고, 이제는 그 이유를 알 것 같아요.

태극 무늬와 4괘 속에는 우주 창조의 비밀과 평화를 바라는 인류의 꿈이 담겨 있어요. 이렇게 태극기에 담긴 좋은 기운이 내게 감동을 주었나 봐요.

다른 나라의 국기들은 대부분 어슷비슷하게 생겼어요. 삼색 띠, 십자가, 별, 태양, 달 등이 색깔과 위치만 다르지요. 태극기는 모습부터 다른 나라 국기와는 뚜렷이 달라요. 독창적이고 아름답지요.

휘날려라, 태극기야!

태극기는 오랫동안 우리 민족과 함께했어. 언제 어디서나 대한민국을 대표하는 우리의 얼굴이란다.

태극기는 우리나라가 다른 나라와 경기를 할 때, 에베레스트 산 꼭대기에 올랐을 때나 먼 우주로 우주선을 쏘아 올릴 때에도 우리와 함께했지.

2002년 한일 월드컵 때 태극기는 우리와 더욱 가까워졌어. 태극 전사들은 가슴에 태극기를 달고 운동장을 뛰었어. 우리는 얼굴에 태극 무늬를 그리고, 태극기로 옷을 만들어 입고 힘차게 응원했어.

"대~한~민국! 짝짝 짝 짝짝!"

경기장을 가득 채운 거대한 태극기와 힘찬 응원 소리는 세계인들에게 커다란 즐거움을 주었단다.

우리, 이 멋진 태극기를 흔들면서 앞으로 앞으로 힘차게 나아가자!

태극기 다는 법

태극기는 태극 무늬의 빨간 부분이 위로
오게 다는 거야. 하늘이 된 붉은 거인과 땅이
된 파란 거인을 생각하면 쉬울 거야.
태극기를 달 때는 앞에서 볼 때 왼쪽에 달아.
아파트에서는 베란다의 왼쪽, 주택에서는 문밖에서 볼 때
대문의 왼쪽에 달면 돼. 현충일같이 슬픈 날에는 태극기의 세로 길이만큼
밑으로 내려서 다는데, 이것을 '조기'라고 해.

태극기는 해가 뜰 무렵 달아서 해 질 무렵에 내린단다.

국기에 대한 경례하는 법

국기를 바라보며 오른손을 왼쪽 가슴에 얹고, 왼손은 자연스럽게
내려서 경례해. 두 발은 가지런히 모으고 장난치면 안 돼. 스카우
트 옷이나 제복을 입었을 때는 오른손을 들어 오른쪽 눈썹에 붙여
서 거수경례한단다.

국기에 대한 맹세

공식적인 행사를 할 때 국기에 대한 경례를 하면서 이렇게 맹세하
는 거야.
"나는 자랑스러운 태극기 앞에 자유롭고 정의로운
대한민국의 무궁한 영광을 위하여 충성을 다할
것을 굳게 다짐합니다."

태극기 바로 알기

태극기는 때와 장소에 알맞게 달아야 해. 또 사용한 뒤에는 잘 말아서 통에 넣거나 접어서 국기 상자에 보관해야 한단다. 태극기에 대해 지켜야 할 것이 무엇인지 알아보자.

태극기 다는 날

관공서나 공공장소에는 항상 태극기를 달아. 가정에서는 국경일에 태극기를 단단다. 국경일은 나라의 뜻 깊은 일을 기념하기 위해 법률로 정한 날이야.

우리나라 국경일은 삼일절(3월 1일), 제헌절(7월 17일), 광복절(8월 15일), 개천절(10월 3일), 한글날(10월 9일)이란다. 또 현충일(6월 6일)이나 국군의 날(10월 1일) 같은 기념일에도 태극기를 달아야 해.

통상장정 태극기

1883년, 청나라 《통상조약장정》이란 책에 소개된 태극기야. 바탕이 노란색이고, 태극 무늬에 눈을 그려서 중국식 태극 무늬를 만들었어. 이름도 '대청국속 고려국기'라고 소개했어.

데니 태극기

1886년, 고종이 미국인 외교 고문인 데니에게 준 태극기야. 현재 우리나라에서 가지고 있는 태극기 가운데 제일 오래된 거야.

임시 정부 태극기

우리 민족이 독립운동을 할 때 상해 임시 정부에서 사용한 태극기야. 태극 무늬와 4괘의 위치가 지금 태극기와 달라.

대한민국 태극기

1949년 10월 15일, 확정된 오늘날의 태극기야. 태극기의 크기와 위치 등을 법으로 정했단다.

태극기는 어떻게 달라졌을까?

태극기의 모습은 시대마다 조금씩 달랐단다. 태극기가 지금과 같은 모습으로 정해지기까지는 오랜 시간이 걸렸어. 우리 같이 살펴볼까?

이응준 태극기

1882년 5월, 우리나라와 미국이 외교 관계를 맺을 때 이응준이 만든 태극기야. 2004년, 미국 해군의 '해양 국가들의 깃발'이란 문서에서 발견되었어.

박영효 태극기

1882년 9월, 박영효가 일본으로 가는 배에서 만든 태극기야. 지금의 태극기보다 태극 무늬의 굴곡이 심하고 4괘가 청색이야.

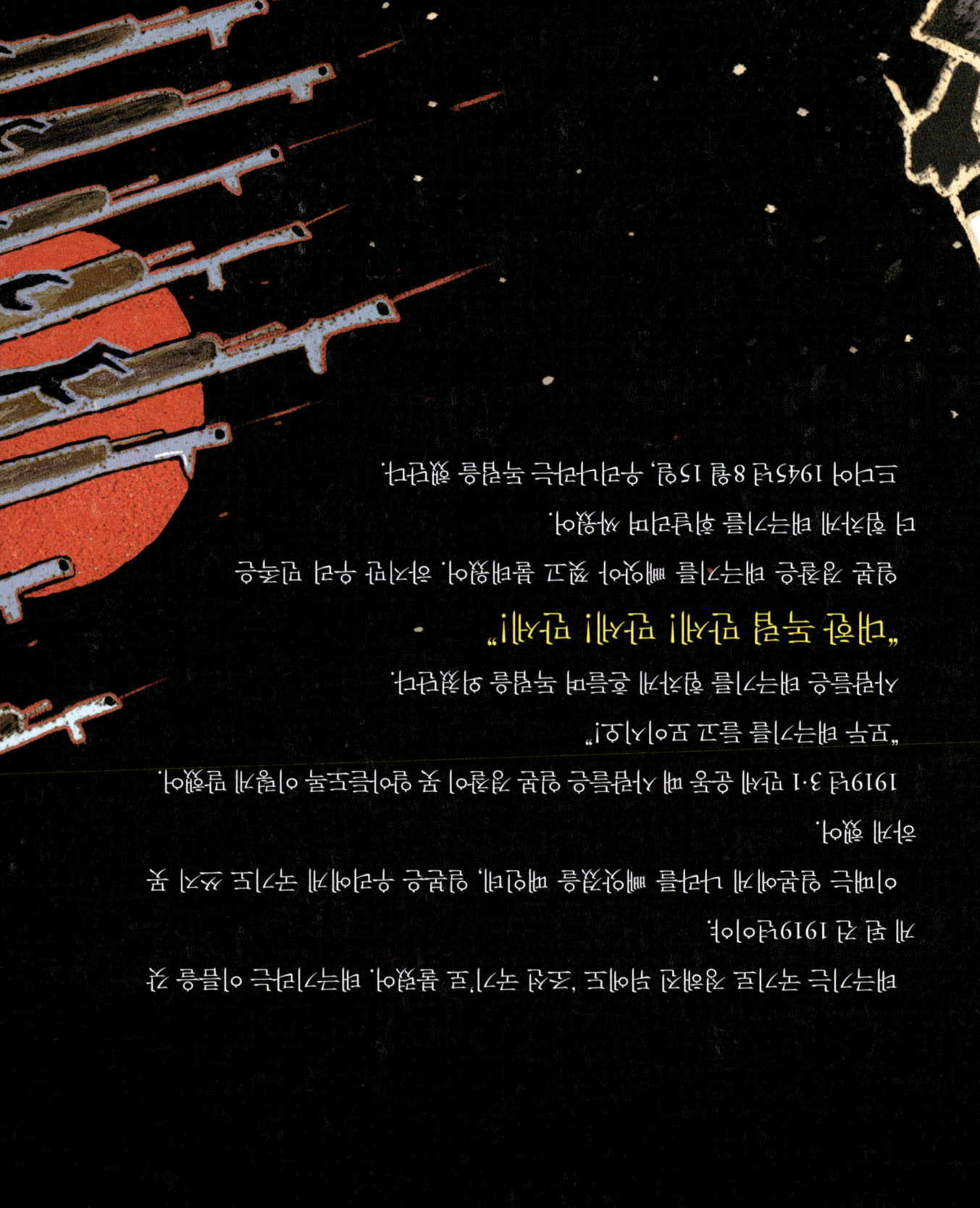

태극기는 우리나라 국기이며, 조선 시대 말, 1882년에 만들어졌어. 이들이 든
태극기는 1919년에 그려진 거야.

이때는 일본에게 나라를 빼앗겼을 때인데, 일본은 우리에게 일본 국기를 쓰게
하게 했어.

1919년 3·1 만세 운동 때 사람들이 일본 경찰이 못 알아듣도록 이렇게 외쳤어.

"모두 태극기를 들고 만세시다!"

사람들은 태극기를 몰래 꺼내며 외쳤단다.

"대한 독립 만세! 만세! 만세!"

일본 경찰은 태극기를 빼앗으려 하고, 우리나라 사람들은 마주보고
더 힘차게 태극기를 휘두르며 외쳤어.

그러다 1945년 8월 15일, 우리나라는 독립을 하였단다.

"너희 둘이 힘을 합쳐 아름다운 세상을 만들어라!"
곤과 **건**은 서로 마주 안고 빙글빙글 돌면서
너울너울 춤을 추기 시작했어.
한바탕 춤이 끝날 때마다 아이가 태어났단다.

순풍! 아이가 태어났어.
부드럽고 순수한 딸이야.
"너의 이름은 태란다. 물로 모든 생명을 길러라!"
태는 강과 호수의 신이 되었어.

순풍! 이번에는 따뜻한 마음을 가진 딸이 태어났어.
"너의 이름은 **이**란다. 불로 모든 생명을 싹틔워라!"
이는 불의 신이 되었어.

순풍! 잽싸고 용맹스러운 아들이 태어났어.
"너의 이름은 **진**이란다. 강한 힘으로 세상을 다스려라!"
진은 천둥 번개의 신이 되었어.

순풍! 부지런하고 활기찬 딸이 태어났어.
"너의 이름은 손이란다. 바람으로 모든 생명을 어울리게 하여라!"
손은 바람의 신이 되었어.

순풍! 마음이 넉넉한 아들이 태어났어.
"너의 이름은 **감**이란다.
넓은 가슴으로 모든 생명을 품어 주어라!"
감은 바다의 신이 되었어.

순풍! 끝으로 힘이 세고 씩씩한 아들이 태어났어.
"너의 이름은 간이란다. 모든 생명에게 힘을 주어라!"
간은 산의 신이 되었단다.

건과 **곤**은 여섯 신과 함께
복잡한 우주를 정리했어.
무엇보다 지구를 가장
정성스럽게 가꾸었단다.
신들은 지구에 산과 강,
호수와 바다를 만들었어.

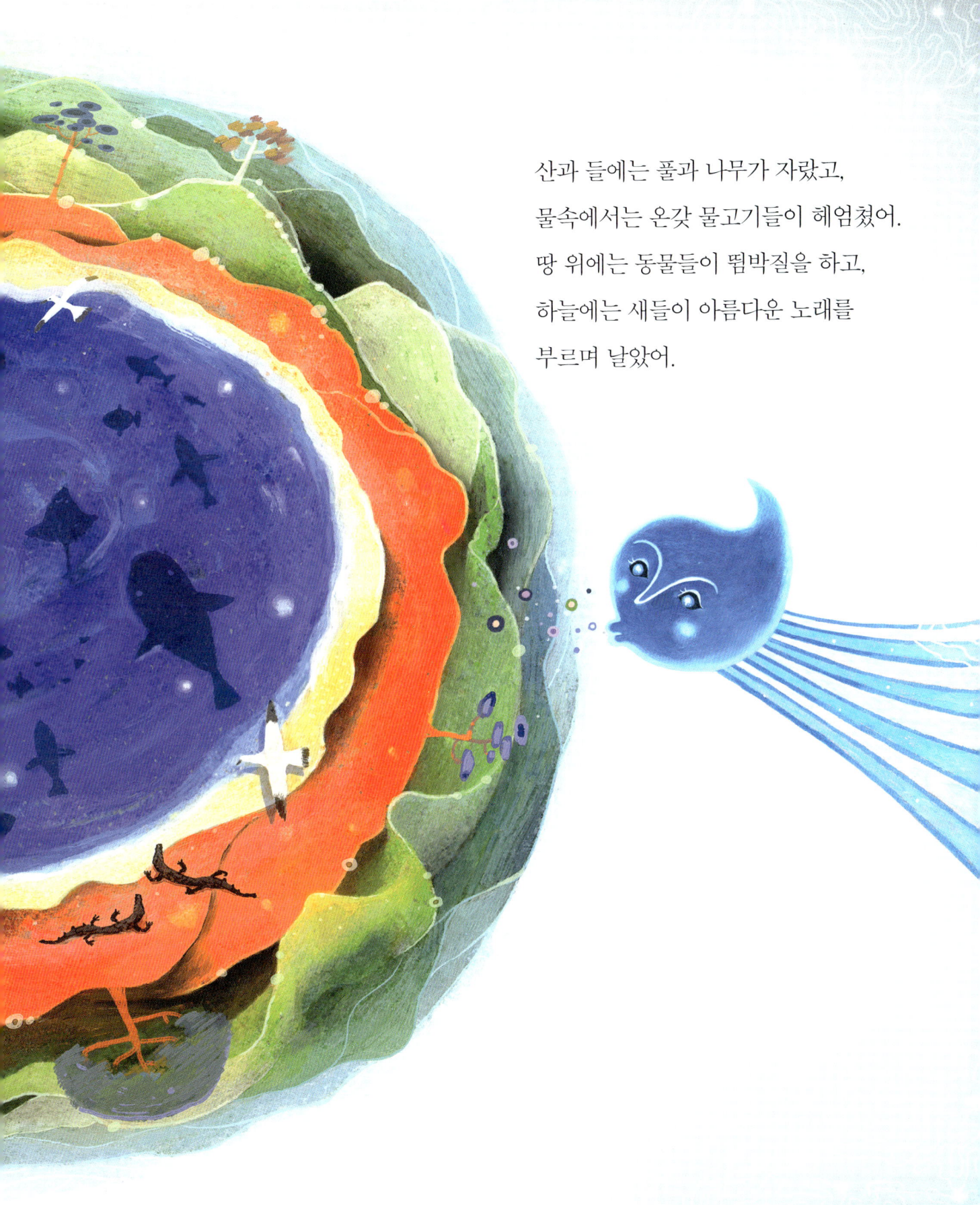

산과 들에는 풀과 나무가 자랐고,
물속에서는 온갖 물고기들이 헤엄쳤어.
땅 위에는 동물들이 뜀박질을 하고,
하늘에는 새들이 아름다운 노래를
부르며 날았어.

마지막으로 여덟 신들은 온 힘을 모아 사람을 만들었어.
그리고 모두 함께 기뻐하며 축복했단다.
"아름다운 사람아, 온 세상에 두루 퍼져
모든 생명과 더불어 행복하게 살아라!
서로서로 사랑하며 살아라!"

태극과 8괘 이야기

우리가 살고 있는 이 세상은 어떻게 생겨났을까? 사실은 우리나라 국기인 태극기 속에 그 이야기가 다 담겨 있어. 처음에 세상에는 아무것도 없었어.

어느 날 갑자기 거대한 두 힘이 생겨났는데, 그 두 힘을 '태극'이라고 해. 태극은 파란색 '음'과 붉은색 '양'으로 되어 있어. 여자와 남자가 결혼해서 아기를 낳는 것처럼 태극의 음과 양이 만나서 '8괘'를 낳았단다. 8괘는 여덟 명의 신인데, 각각 하늘, 땅, 물, 불, 천둥, 바람, 산과 바다를 뜻해. 태극과 8괘가 힘을 모아 이 세상을 만들었다는 이야기란다.

태극기는 태극 무늬와 4괘로 이뤄져 있어. 그 속에는 모든 생명이 서로 도우며 어울려 살기를 바라는 마음이 담겨 있단다.

그런데 '음'과 '양'은 무엇일까? 음과 양은 서로 반대되는 성질이야. 여자와 남자, 땅과 하늘, 어둠과 빛, 짝수와 홀수, 달과 해처럼 말이야. 오래전부터 우리 민족은 세상 모든 것이 음과 양으로 이루어져 있다고 생각했어.

음과 양은 서로 반대되는 성질이지만, 둘이 사이좋게 어울리면 행복한 세상이 된다고 여겼단다. 우리 주변에서 음과 양인 것이 무엇인지 한번 찾아보렴.

태극 무늬는 언제부터 사용했을까?

　우리 민족은 아주 오래전부터 태극 무늬를 사용해 왔어. 옛 사람들이 남긴 유물에서도 태극 무늬를 쉽게 찾을 수 있단다. 백제 시대 유물에서 지금까지 알려진 것 중 가장 오래된 태극 무늬가 발견되었어. 신라 시대 감은사 장대석에도 태극 무늬가 새겨져 있단다. 조선 시대 초기에는 주로 왕과 왕실을 지켜 주는 상징으로 태극 무늬가 궁궐 곳곳에 사용되었어. 큰 행사나 전쟁에 나갈 때도 깃발에 태극 무늬를 새겨 넣었지.
　태극 무늬는 점차 널리 퍼져 한복, 도자기, 북, 부채, 장롱, 베개 등 다양한 생활용품에 두루 사용되었어.

백제 시대 태극문 목제품

붉은색과 파란색으로 된 태극 무늬 이외에도 '삼 태극'과 '사 태극'이 있어. 삼 태극은 붉은색, 파란색, 노란색 소용돌이로 된 태극 무늬이고, 사 태극은 네 개의 소용돌이가 모여서 태극 무늬를 이룬 거야. 태극 무늬는 우리나라뿐 아니라 동양의 다른 나라에서도 즐겨 사용했어. 중국에서는 11세기에 처음 태극 무늬가 나타났고, 티베트 국기에서도 태극 무늬를 볼 수 있어. 나라마다 태극 무늬와 색깔은 조금씩 다르단다.

감은사 장대석의 태극 무늬

찾아보자! 생활 속 태극

우리 전통 놀이나 풍습에서도 태극을 찾을 수 있어. 우리 함께 찾아볼까?

찾았다! 강강술래. 강강술래는 한가위나 대보름날, 둥근 달빛 아래에서 손에 손을 잡고 도는 놀이야. 둥글게 도는 모양에서 태극 무늬를 볼 수 있어.

찾았다! 씨름. 씨름은 모래판 위에서 두 사람이 힘을 겨루는 우리의 전통 놀이이자 운동이야. 붉은색과 파란색 샅바를 잡고 서로를 맞잡고 도는 모양이 붉은 거인과 파란 거인을 꼭 닮았지? 이처럼 씨름은 그 모양과 색이 태극 무늬를 꼭 닮았어.

찾았다! 풍물놀이. 풍물놀이는 꽹과리, 북, 징 등을 치면서 노래하고 춤추는 전통 놀이야. 흥이 오르면 상모를 쓴 사람이 모자 끝에 달린 긴 줄을 돌리면서 재주를 부린단다. 빙글빙글 돌아가는 상모돌리기에서도 멋진 태극 무늬를 볼 수 있단다.

이처럼 태극은 우리 민족의 생활에 큰 영향을 끼쳤단다. 주위를 둘러보렴. 더 많은 태극 무늬를 찾을 수 있을 거야. 누가누가 많이 찾나 내기해 볼까?

아름다운 태극기

태극기는 태극 무늬와 4괘로 되어 있어. 4괘는 8괘 가운데 가장 중요한 네 가지 요소란다. 4괘는 길고 짧은 막대기 모양으로 되어 있는데, 각각 **건**, **곤**, **이**, **감**이라고 해. 각각의 괘가 어떤 모양이고 무엇을 뜻하는지 좀 더 자세히 알아볼까?

괘 모양	이름	상징	방향	계절	사람
☰	건	하늘	동	봄	아버지
☷	곤	땅	서	여름	어머니
☲	이	불	남	가을	딸
☵	감	물	북	겨울	아들

태극기는 다섯 가지 색깔로 되어 있어. 태극의 붉은색은 소중함, 파란색은 희망, 4괘의 검은색은 지혜를 뜻해. 또 바탕의 흰색은 평화, 깃봉의 노란색은 풍요를 뜻한단다.

노벨문학상을 받은 소설가 게오르규는 태극기를 보고 이렇게 말했어.

"태극기는 유일하다. 세계 어느 나라 국기와도 닮지 않았다. 태극기는 멋지다. 태극기에는 우주의 질서와 살아 있거나 죽어 있는 모든 것이 그려져 있다."

태극기는 이렇게 태어났어요

국기에는 한 나라의 역사와 민족성, 소망이 담겨 있어. 그래서 국기는 나라의 얼굴이라고 해. 우리나라가 국기를 처음 사용한 건 서양의 다른 나라와 거래를 시작하면서부터야. 1882년 5월, 미국과 조선이 처음 통상 조약을 맺을 때 국기가 필요했어. 조선 대표 김홍집은 통역을 맡은 이응준에게 태극 무늬와 4괘로 국기를 만들게 했어. 그러자 청나라는 자기네 국기처럼 용을 그려 넣으라고 강요했어. 하지만 김홍집은 이를 무시하고 태극 무늬를 그대로 사용했단다.

1882년 9월, 일본으로 가는 배 안에서 박영효는 영국 외교관 애스턴과 선장 제임스의 도움을 받아 국기를 만들었어. 가운데에 태극 무늬를 그리고, 네 모퉁이에는 4괘를 그렸지. 태극기는 큰 것, 중간 것, 작은 것 3장을 만들었어. 일본에 도착한 박영효는 고종한테 작은 태극기를 보내고, 큰 태극기는 숙소에 내걸었어. 그 이듬해 1883년 3월 6일, 조선은 태극기를 국기로 정했단다.

태극기 이름은 언제 생겼을까?

국기는 나라마다 모양도 다르고 이름도 달라. 북한의 인공기, 미국의 성조기, 일본의 일장기, 중국의 오성홍기, 프랑스의 삼색기, 영국의 국기는 유니언잭이라고 하지. 모두 그 나라와 국기 모양의 특징이 담겨 있단다.